Anita Querida

José E. Herrera Balarezo

Ana María Hardel

Para mi Papi

*Gracias a mi esposo Fabrice Hardel
y a mi amiga Frydel S. Uchitelle*

Prólogo

Es un enorme placer poder compartir este pequeño libro con todos ustedes, mi familia, mis amigos y todos aquellos quienes demuestren interés en leer estos pensamientos que mi padre coleccionó para mí hace varios años.

En uno de mis viajes al Ecuador, llevé un "jornal" como regalo a mi Papi sin saber que éste regresaría a mí como uno de los obsequios más preciados de mi vida.

El 24 de julio de 2015 fue el tercer aniversario de la muerte de mi Papi. Esa mañana hablé con mi Mami y le conté mis intenciones de publicar este libro, le encantó la idea y me contó que Papi se sentaba a escribir este libro en las tardes escuchando sus discos favoritos de Carlos Gardel, Julio Jaramillo, Los Panchos, Mozart, Vivaldi, y tantos más. Papi copió varios de estos pensamientos de autores que él admiraba. Me encantaría mencionarlos pero se me hace difícil hacerlo, no porque no quiera sino porque es simplemente inalcanzable para mí. Mi propósito no es tomar crédito por escritos originales de otras personas, solamente quiero compartir éste regalo con ustedes.

Este lindo manuscrito que me dejó mi Papi me ha hecho reír, me ha hecho llorar y me ayuda a recordar que la vida es tan frágil, tan imperfecta, a veces hasta cruel, y al mismo tiempo tan hermosa. Papi fue un hombre de buen corazón, fue el patriarca de nuestra familia por mucho tiempo. Sé que fue y sigue siendo muy querido y añorado por todos nosotros. Papi siempre sonreía, tenía un sentido del humor fenomenal, un corazón inmensamente bondadoso y un espíritu incomparablemente renovador.

En fin, espero disfruten de este pequeño tesoro.

Con muchísimo cariño,

Ana María

Anita María,
queridísima hijita mía:

Te agradezco por haber creído en mí. Tú supiste siempre que todo esfuerzo que hice en mi vida fue para brindarles mucha felicidad.

Pienso que tuvimos una casita donde vivir cómodamente. Luché por Diego y por ti, preciosita mía, para darles una educación que en el transcurso de la vida les sea útil. Bendito Dios que cumplí con ustedes.

Conserva estos escritos como mi herencia espiritual. Jesús te proteja siempre.

Pepe
18 de septiembre, 2005

Más vale un bocado de pan seco en paz que en la discordia de una casa llena de banquetes.

***

Una mirada bondadosa alegra el corazón, una buena noticia reanima las fuerzas.

***

Con la sabiduría que sale de su boca, el hombre conseguirá todo lo bueno, cada uno recibe la recompensa de sus obras.

***

Oprimir a los débiles es ofender al Creador. Él que tiene compasión de los desdichados, lo honra.

***

Una respuesta amable calma el enojo, una palabra hiriente hace aumentar la cólera.

***

Besa la mano de tu enemigo
si no la puedes cortar.

***

Donde comienzan los negocios
termina la amistad.

***

Dos modos de caminar tiene el dinero,
viene despacio y se va ligero.

***

Si no hubiera necios, no hubiera abogados.

***

A más años, más desengaños.

***

La ignorancia engendra dureza.

***

Paso arrastrando una carga superior
a mis fuerzas, la vida.

***

Tuve aflicción por no tener zapatos
hasta que vi a quien no tenía pies.

***

Si dices las verdades, pierdes amistades.

***

Si en tu casa quieres paz, deja de mandar y haz.

***

Al hombre le falta paciencia
y a la mujer le sobra la insistencia.

***

El amor huye ante la proximidad del odio.

***

Señor no me des mucho porque me he de olvidar de Ti. No me des poco, porque he de renegar de Ti. Dame sólo el pan de cada día.

***

La mayor de todas las desdichas humanas es la pobreza en la vejez.

***

*No llenes tu vida de años,
llena tus años de vida.*

***

*Hay que saber dar sin recordar
y recibir sin olvidar.*

***

Entre la cuna y la sepultura no hay cosa segura.

***

Hoy es el mañana que nos preocupó ayer.

***

El mejor maestro es el tiempo,
la mejor ciencia es la experiencia.

***

Al rico no debas y al pobre no ofrezcas.

***

A cualquier dolencia, la paciencia.

***

No trates de ascender demasiado en tu vida,
pues la caída de lo alto es más dura.

***

No incurramos en una orgía de lamentaciones.

***

Los humanos no están hechos para comprender
la vida, sino para vivirla.

***

*El secreto de ser desdichado estriba en tener
ocios para pensar si se es feliz o no.*

***

*El sueño es un misterioso
mensajero de las tinieblas.*

***

*Vale más estar en la tumba
que vivir en la miseria.*

***

*No desaparece lo que muere,
sólo lo que se olvida.*

***

Que el dinero sea tu sirviente y no tu amo.

***

*No trates de ser lo que no eres,
trata de ser lo que eres lo mejor posible.*

***

El matrimonio es la escuela
superior de la paciencia.

***

Quien compra lo que no puede
vende lo que le duele.

***

Pobre con rica casado,
más que marido, es criado.

***

Siempre el error de muchos podrá más
que la verdad de uno.

***

Es empresa imposible resistir al Todopoderoso.

***

Sólo lo que es fecundo es verdadero.

***

He sido un necio y mis yerros son innumerables.

***

Quien todo lo quiere todo lo pierde.

***

Si tomas un mal camino
no esperes un buen destino.

***

Al viejo el vino otra vez le hace niño.

***

Al mal que no tiene cura hacerle la cara dura.

***

Al hombre rico le llueven amigos.

***

Dichoso Adán que no tuvo suegra.

***

Si el amor de una mujer es una comedia,
el matrimonio será un drama.

***

La paciencia es el talismán de la vida.

***

El bien es reconocido cuando es perdido.

***

Quien no te ama burlando te difama.

***

Discreción es saber disimular
lo que no se puede remediar.

***

Quien no olvida atormenta su vida.

***

Quien habla mal oye peor.

***

Una vez te casarás y mil te arrepentirás.

***

La gratitud es la memoria del corazón.

***

La vida en su tránsito supone un descenso.

***

*La humildad es el hilo con el
que se encadena la gloria.*

***

Amigo en la adversidad es amigo de verdad.

***

*No hay enemigo fácil
pero sí amigo difícil.*

***

No olvides que la fortuna cambia como la luna.

***

El tiempo todo lo cura.

***

Aprendiz de todo oficial de nada.

***

*Que Dios me libre de mis amigos,
que de los enemigos me libro yo.*

***

Entre músicos no se cobra la serenata.

***

La cortesía no cuesta nada y gana todo.

***

*La sonrisa es la distancia
más corta entre dos personas.*

***

*El que domina la ira,
domina a su peor enemigo.*

***

El que sospecha invita a traicionar.

***

*Nunca digas del ausente aquello que no dijeras
si lo tuvieres presente.*

***

*Para llegar a la isla de la sabiduría hay que
pasar por un océano de aflicciones.*

***

*La caridad es una virtud del corazón
y no de las manos.*

***

*No hay que derrumbarse acumulando ayeres y
temidos mañanas.*

***

*Confío en que algún día la
humanidad recupere el sentido de la
justicia y de los valores del espíritu.*

***

*La manera de dar es más
importante que lo que se da.*

***

*Exceso en nada, es la norma de mayor utilidad
en la vida.*

***

Lo poco que sé, se lo debo a mi ignorancia.

***

*Ninguna cosa impuesta por la violencia
será duradera.*

***

*Aunque la angustia y el dolor
laceren nuestras almas.
Aunque la vida nos desconcierte a cada paso.
Aunque el destino del mundo sea tan incierto.
Busquemos en el fondo del alma una luz de
esperanza, un rincón de amor.*

***

Una lágrima se evapora, una flor se marchita,
sólo la oración llega a Dios.

***

Disfruta del día,
este es el día hecho por el Señor.
Regocijémonos y alegrémonos en Él.

***

Cada día es una nueva vida
para la persona juiciosa.

***

Cuando aceptamos lo peor
ya no tenemos nada que perder.

***

Un problema bien planteado
es un problema medio solucionado.

***

La sinceridad es el origen del genio.

***

La verdadera paz del espíritu viene de la aceptación de lo peor.

***

Hay que perderse en la acción si no se quiere marchitar en la desesperación.

***

La belleza es el esplendor de la verdad.

***

La naturaleza aborrece el vacío. Todo vacío se llena con amor.

***

Esperar es vivir.

***

Nos detenemos demasiado en insignificancias.

***

Seis honrados servidores me enseñaron cuanto sé, sus nombres son: Cómo, Cuándo, Dónde, Qué, Quién y Por qué.

***

El tiempo es el eterno regulador de todos los dolores.

***

Para toda la humanidad, lo mismo que para el individuo, de vez en cuando la vida es difícil de soportar.

***

La muerte es la liberación del alma.

***

La vida es demasiado breve para ser pequeña.

***

Sin fe todo se derrumba.

***

*Es más fácil enseñar a diez lo que se debe hacer
que ser uno de los diez que sigan
sus propias enseñanzas.*

***

*El amor no existe. Hay la necesidad material de
unirse a otro ser y la necesidad razonable de
tener una compañía para la vida.*

***

*¿Quién puede liberar a una persona de sus
propios remordimientos?*

***

La humildad acerca al Todopoderoso.

***

*La envidia es ignorancia.
La imitación es suicidio.*

***

Siempre hay que convertir un menos en un más.

***

Cuando eres bueno para los demás,
eres mejor para ti mismo.

***

Haz cada día una buena acción que provoque
una sonrisa de alegría en el rostro de alguien.

***

Nuestras vidas son la obra de
nuestros pensamientos.

***

Una persona enfadada está
siempre llena de veneno.

***

Nuestro punto flaco no es la
ignorancia sino la inacción.

***

No hay llanto en que lo que
está escrito se disuelva.

***

El conocimiento no es poder
hasta que es aplicado.

***

Las cosas difíciles son las mejores.

***

Lo que importa no es lo que el destino nos hace,
sino lo que hacemos al destino.

***

De las carreras no queda sino el cansancio.

***

El que nada tiene nada pierde.

***

Dos agujas no se pinchan.

***

Muchas ausencias causan olvido.

***

Hoy es el discípulo del ayer
y el maestro de mañana.

***

Bien casada es la que no
tiene suegra ni cuñada.

***

Quien te quiere no te hiere.

***

La nuera barre para que la suegra no ladre.

***

Ignora la maldad del soberbio y del engreído
porque el Padre les mostrará el camino
a su tiempo debido.

***

Lo que por agua viene, por agua se va.

***

Los valientes sufren poco,
los cobardes aún más.

***

Con frecuencia uno encuentra su destino
siguiendo las veredas que tomamos
para evitarlo.

***

Invoca a la Omnipotencia y acudirá en tu
ayuda. No es menester que te preocupes de nada
más. Cierra los ojos y mientras duermes, Dios
trocará tu suerte de mal en bien.

***

Sólo conoce el amor quien ama sin esperanza.

***

Prefiere dormir poco y soñar más.

***

Soluciona tus problemas de uno en uno.

***

Ama a tus enemigos. El que ama a los que le aman, ya ha recibido su recompensa.

***

Haber sido creado por el Padre supone la máxima manifestación de amor.

***

Fueron mis lágrimas, mi pan, de noche y de día que dediqué para tu bienestar.

***

Regaría con mis lágrimas las rosas para sentir el dolor de tus espinas y ser privilegiado con el aroma de sus pétalos.

***

No hay que decir todo lo que piensas, piensa lo que dices.

***

La prisa es obra del demonio.

***

Pocas veces el dinero sirve
para retrasar la muerte.

***

Bendecidos son aquellos que
creen en sus sueños.

***

De tres cosas no pueden prescindir los
humanos: la salud, el pan y la esperanza.

***

Lo perfecto es enemigo de lo bueno.

***

Hasta la vida más desgraciada tiene también
sus horas luminosas y sus pequeñas flores de
ventura entre la arena y el peñascal.

***

La negación de los hechos es el cobarde
recurso de los cínicos.

***

Aprendamos a doblarnos como un sauce
y no resistir como un roble.

***

No vivo ni en mi pasado ni en mi futuro.
Tengo sólo el presente y sólo él me interesa.
Si puedes permanecer siempre en el presente,
entonces serás una persona satisfecha y feliz.
La vida será una fiesta, porque ella es siempre
el momento que estamos viviendo.

***

Si te comparas con los demás te volverás vano y
amargado pues siempre habrá personas más
grandes y más pequeñas que tú.

***

Conserva la paz en tu alma en la bulliciosa
confusión de la vida, aún con toda su farsa,
penalidades y sueños fallidos,
el mundo es todavía hermoso.

***

Acata dócilmente el consejo de los años,
abandonando con donaire
las cosas de la juventud.

***

No lloremos por haberlo perdido.
Demos gracias a Dios por haberlo tenido.

***

Para los males del mundo puede o no haber
remedio. Si los hay, ponte a buscarlos y si no,
no seas necio.

***

Cuando no puedo arreglar las cosas,
dejo que se arreglen solas.

***

La resignación del pobre es la garantía del
equilibrio social.

***

Donde esté tu interés estará tu energía.

***

Las ideas son fantasías que puedes convertir en realidad.

***

Morir es liberarse de la mezquindad cotidiana.

***

Si lloras porque se ocultó el sol, tus lágrimas no te permitirán ver las estrellas.

***

El orden es la primera Ley del Cielo.

***

Al tener en la vida un desengaño, ansiamos la calma inmediata. No se siente el dolor sino el engaño y no duele la herida sino el alma. Sólo en la tumba el corazón olvida los duros golpes de la adversa suerte. Luchas y sufrimientos es la vida. Olvido y descanso es la muerte.

***

Llevar hoy la carga de mañana unida a la de ayer hace vacilar al más vigoroso.

***

No permitas que nadie te maneje como arcilla en sus manos.

***

Si dudas, calla.

***

La medida más segura de toda fuerza es la resistencia que vence.

***

Los hombres son hábiles manipuladores de la verdad.

***

El amor es decir El Padre lo es todo. El amor es la vela de navío. El amor es dar desde una mirada hasta la vida.

***

¿Qué cosa hay más pesada que el plomo...?
El necio.

* * *

Nunca repitas lo que te han dicho
y nunca saldrás perdiendo.

* * *

No hagas el mal y el mal no caerá sobre ti.

* * *

Las palabras suaves hacen ganar amigos y
multiplican las respuestas afectuosas.

* * *

No tengas la mano abierta para recibir y
cerrada para dar.

* * *

No te quedes callada cuando tus
palabras hacen falta.

* * *

El odio enciende peleas.
El amor encubre todas las faltas.

***

El que desprecia a su prójimo es un insensato;
el sabio prefiere callar.

***

El buen nombre vale más que grandes riquezas,
ser estimado vale más que el oro y la plata.

***

Hay amigos que solo son para ruina, hay
amigos que son mejores que tu propio hermano.

***

No te sientas seguro del día de mañana porque
no sabes en qué parará el de hoy.

***

El Señor trata con bondad a los humildes.

***

No te enojes fácilmente; el enojo habita en el corazón del insensato.

***

No es bueno comer miel en exceso y mucho menos buscar honores excesivos.

***

*No busques pelea con nadie,
si nadie te ha hecho daño.
Si alguien te hizo daño y te necesita,
deja a un lado el dolor y provee tu ayuda.*

***

*Si tu enemigo tiene hambre, dale de comer;
si tiene sed, dale de beber;
así amontonarás carbones sobre su cabeza.*

***

La honra es el premio de los sabios.

***

*Aceite y perfumes alegran al corazón, lo mismo
la dulzura de la amistad consuela el alma.*

***

*El Señor corrige a quien Él ama,
como un padre corrige a todos sus hijos.*

***

*Nunca niegues un favor a quien te lo pida,
cuando en tu mano esté el hacerlo.*

***

*Pide y recibirás. Busca y encontrarás.
Perdona y serás perdonado.
Sé manso y humilde de corazón.*

***

*Si no te equivocas de vez en cuando,
es que no lo intentas.*

***

*Se puede tomar de compañera a la fantasía,
pero se debe tener como guía a la razón.*

***

Elige amar en lugar de odiar.
Elige reír en lugar de llorar.
Elige crear en lugar de destruir.
Elige perseverar en lugar de renunciar.
Elige alabar en lugar de criticar.
Elige curar en lugar de herir.
Elige vivir en lugar de morir...

***

¡No temas!

No temamos.
Somos marinos en el mar de la eternidad,
pasajeros de la vida,
y estamos bien acompañados en este viaje.
¡Naveguemos con fe!

***

Seamos realistas, ¡pidamos lo imposible!

***

Proclama tu individualidad.
Usa sabiamente tu poder de elección.
Haz todo con amor.
Hija mía, ¡tú eres el milagro
más grande del mundo!

***

Así como para cosechar es necesario sembrar,
del mismo modo, para recibir es necesario dar.
Recuerda que siempre recibirás lo que diste.

***

Si no tienes la libertad interior, ¿qué otra
libertad esperas poder tener?

***

Aquiétate

Aquiétate y sabe que
Dios te mostrará la senda a tomar.
Cuando el amanecer es oscuro
y el día sombrío,
Dios está contigo,
¡no temas!
Aquiétate y sabe que
Dios siempre está ahí
para ayudarte, aquí y en todas partes.
Dios te acompaña noche y día.
Dios no está más lejos que una oración.

***

Sé amigo de ti mismo y lo serán los demás.

***

El optimista tiene siempre un proyecto,
el pesimista mil excusas.

***

Ningún hombre es inútil
mientras cuente consigo mismo.

***

Siendo de dos una tristeza,
ya no es tristeza, es alegría.

***

Un día que no has reído, es un día perdido.

***

Siempre que te pregunten si puedes hacer un
trabajo, ¡contesta que sí! Y ponte enseguida a
aprender cómo hacerlo.

***

Te llevo en mi piel como un dulce perfume
impregnado en mi alma.

***

Si vivir sólo es soñar, hagamos el bien soñado.

***

Nos complicamos la vida por exceso de
ambiciones personales.

***

Si una espina me hiere, me aparto de la espina
pero no la aborrezco.

***

No intervenir donde no nos llaman.

***

Solamente cuando madura
cae el fruto de la fortuna.

***

El verdadero amor no se conoce por lo que
exige, sino por lo que ofrece.

***

No digas todo lo que sabes,
pero procura siempre saber lo que dices.

***

Solitario me encuentro cuando busco una mano
y sólo encuentro puños.

***

Solamente quien utiliza su cerebro
puede cambiar de idea.

***

Sólo aquello que se ha ido
es lo que nos pertenece.

***

Si una idea no endulza y aligera la vida,
la vida es inútil y peligrosa.

***

Si ayudo a una sola persona a tener esperanza,
no habré vivido en vano.

***

Si no chocamos contra la razón,
nunca llegaremos a nada.

***

Si los hombres han nacido con dos ojos, dos
orejas y una sola lengua es porque se debe
escuchar y mirar dos veces antes de hablar.

***

La paciencia tiene más poder que la fuerza.

***

Si no puedes gobernarte a ti mismo, ¿cómo sabrás gobernar a los demás?

***

Siempre se ha de conservar el temor, mas jamás se debe exponerlo.

***

Es duro caer, pero es peor todavía no haber intentado subir.

***

La propia conciencia es quien nos juzga.

***

Si los que hablan mal de mí supieran exactamente lo que pienso de ellos, hablarían peor.

***

La justicia es el pan del pueblo,
siempre está hambriento de ella.

***

Los sucesos prósperos hacen amigos;
los adversos, los prueban.

***

Mantén tu buen ánimo,
te ayudará a subir las cuestas más duras.

***

Al abogado es necesario contarle claramente
las cosas, ya se cuidará él después
de embrollarlas.

***

Tener demasiados amigos es no tenerlos.

***

Para dejar una huella no importa su tamaño,
sino el signo que indique que pasaste por allí.

***

El avaro no obra cuerdamente hasta que su
hora final haya llegado.

***

La amistad es un alma que habita en dos
cuerpos, un corazón que habita en dos almas.

***

Si no vives como piensas
acabarás pensando como vives.

***

En las adversidades sale a la luz la virtud.

***

No hay absurdo que no haya sido apoyado
por algún filósofo.

***

Si tomas de un sorbo de la mentira que te adula,
beberás gota a gota la verdad que te amargará.

***

Quien da primero da dos veces.

✳✳✳

Sólo aprende a compartir el amor que sientas,
no des ningún espacio al odio.

✳✳✳

Si tienes tiempo para dedicarlo a alguien,
no te quedes parado mirando al reloj.

✳✳✳

Si quieres conocer el valor de tu dinero,
trata de perderlo haciendo préstamos.
Por lo tanto, si alguien te pide un préstamo,
y si tu bolsillo lo permite,
haz que éste sea un regalo de una sola vez;
recuerda, no lo repitas.

✳✳✳

La paciencia es la fortaleza del débil y la
impaciencia es la debilidad del fuerte.

✳✳✳

Ten misericordia si quieres obtener perdón.

***

Saber vivir sin prisa es un don.

***

Saber y saberlo demostrar es valer dos veces.

***

Saber olvidar es más dicha que arte.
Sólo la persona íntegra es capaz de confesar sus
faltas y de reconocer sus errores.

***

El arte de vencer se aprende en las derrotas.

***

Yerra el que no comienza a aprender
por parecerle que ya es tarde.

***

*Si no decides cuáles son tus prioridades
y cuánto tiempo les dedicarás,
alguien más lo decidirá por ti.*

***

*Si eres orgulloso conviene que ames la soledad
ya que los orgullosos se quedan solos.*

***

*No te limites tanto que creas que
siempre tienes la razón.*

***

*Podemos aprender del hombre eminente,
incluso cuando calla.*

***

*Ten paciencia con todas las cosas, pero sobre
todo, ten paciencia contigo mismo.*

***

*Ten el valor de equivocarte, la humildad de
aceptarlo y usa tu inteligencia para mejorar.*

***

Ten tus ojos bien abiertos antes del matrimonio,
y medio cerrados después del mismo.

***

Mi Anita Querida:

Tu corazón es fuerte. Pon tu mano sobre tu pecho y siente su ritmo bombeando hora tras hora, día y noche, 36.000.000 de latidos al año; año tras año, despierta o dormida, impulsando la sangre a través de 100.000 kilómetros de venas y arterias que llevan más de 2.000.000 de litros de sangre al año.

En tus cuatro litros de sangre existen 22.000.000 de células sanguíneas; y dentro de cada célula existen millones de moléculas; y dentro de cada molécula hay un átomo que oscila más de diez millones de veces por segundo. Cada segundo mueren dos millones de células sanguíneas para ser reemplazadas por dos millones más en una resurrección constante. ¡Tu hermoso corazón es fuerte y sano, mi Anita Querida!

Tu cerebro es la estructura más compleja del universo. Dentro de sus mil gramos, hay trece mil millones de células nerviosas. Tres veces más células que personas habitan el planeta.

Para ayudarte a archivar cada percepción,

cada sonido, cada sabor, cada olor, cada acción realizada por ti desde el día que naciste, está implantando en tus células más de mil trillones de moléculas proteicas. Todos los sucesos de tu vida se encuentran ahí, esperando a que los recuerdes; y para ayudar a tu cerebro en el gobierno de tu cuerpo, hay cuatro millones de estructuras sensibles al dolor, doscientos mil detectores de temperatura, tus oídos tienen veinte y cuatro mil filamentos cada uno, vibran con el viento de la arboleda, con las mareas que chocan contra las rocas, con la majestuosidad de una ópera, con el canto de un petirrojo, con el juego de los niños y con la frase "te amo".

Ninguna otra criatura de este planeta está dotada del don del habla. Con tus palabras puedes calmar el enojo, animar al abatido, estimular al cobarde, alegrar al triste, premiar al valeroso, alentar al vencido, enseñar al ignorante.

Te puedes mover, no eres un árbol condenado a una pequeña porción de tierra. Puedes pasear, correr, bailar y trabajar ya que dentro de tu cuerpo hay quinientos músculos, doscientos huesos y siete mil nervios que están sincronizados para obedecerte.

Tu piel está limpia y es una maravillosa creación que solo necesita que la cuides. Con el tiempo las armaduras se oxidan, no así tu piel. Tu piel se renueva constantemente, las células viejas son reemplazadas por las nuevas.

Tus pulmones son las puertas de la vida que te sostienen hasta en el mas vil de los ambientes. Trabajan siempre para filtrar el oxígeno que da la vida a través de seiscientos millones de alveolos que se encargan de librar a tu cuerpo de los desperdicios gaseosos.

Dentro de tu hermoso ser existe la suficiente fuerza atómica para seguir adelante hasta que tu hora marcada llegue.

.

Chère Anita

José E. Herrera Balarezo

Ana María Hardel

PUKIYARI
www.pukiyari.com

Dedier A Mon Père

*Merci à mon mari Fabrice Hardel
et à mon ami Frydel S. Uchitelle*

Lettre au lecteur

Cela ait un grand plaisir de pourvoir partager ce livre avec vous, ma famille, mes amis et tous ceux qui s'intéresse à la lecture de ces pensées que mon Père a gardé pour moi il ya plusieurs années.

Lors d'un de mes voyages en Équateur, j'ai donné un journal à mon Père comme cadeau l'ors de ma visite sans savoir que ce journal allait me revenir comme le plus beau cadeau de ma vie.

Le 24 juillet 2015 c'était le troisième anniversaire de la mort de mon Père. Ce matin-là, j'ai parlé à ma Mère et je lui ai fait savoir mes intentions de publier ce livre, elle a adoré l'idée et ma mentionné que mon Père passait ces après midi a ecrire ce livre accompagner par sa musique préférée Carlos Gardel, Julio Jaramillo, Los Panchos, Mozart, Vivaldi, etc. Mon Père a copier plusieurs de ces pensées venant d'auteurs qu'il admirait. J'aimerais mentionner ces auteurs, mais cela est difficile car je ne me rappelle pas de tous et je ne voudrais pas en oublier un. Mon but n'est pas de prendre le crédit pour les écritures originales, mon intention est seulement de partager ce cadeau avec vous.

Ce mignon manuscrit que mon Père m'a laissé m'a fait rire, m'a fait pleurer et m'aide à me rappeler que la vie est si fragile, si imparfaite, parfois même cruelle, et en même temps si belle. Mon Père était un homme de bon cœur, il était le patriarche de notre famille pendant une longue période. Je sais qu'il a été et sera toujours aimé par nous tous. Mon Père souriait toujours, avait un sens de l'humour phénoménal, un cœur immensément aimable et un esprit incomparablement rafraîchissant.

J'espère que vous apprécierez ce petit trésor.

Grande affection,

Ana María

Anita María,
ma chère petite fille!

Je te remercie d'avoir cru en moi. Tu as toujours su que tout les efforts que j'ai fait dans ma vie était de donner beaucoup de bonheur.

Je pense que nous avions une maison où nous pouvions vivre confortablement. Je me suis battu pour Diego et pour toi, ma précieuse fille, pour vous donner une éducatin qui dans la vie serait utile pour vous deux. Bénis soit Dieu que j'ai rempli ma responsabilité envers vous.

Garde ces pensées comme mon héritage spirituel. Je veux que Jesus te protège toujours.

Pepe
18 septembre, 2005

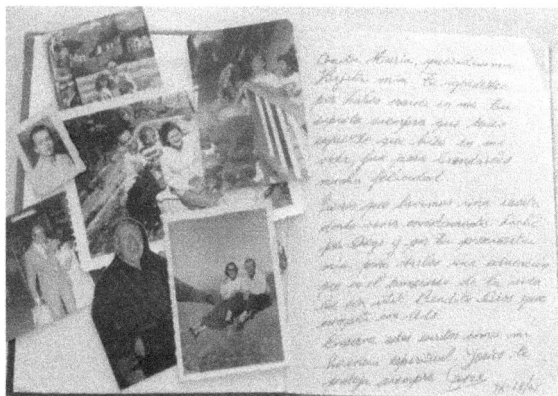

Mieux vaut un dinner au pain sec en paix plutot q'un buffet dans une maison pleine de discorde.

***

Un regard aimable est chaleureu au coeur, les bonnes nouvelles sont un plaisir pour l'esprit.

***

Avec la sagesse qui sort de votre bouche, vous allez obtenir des bonnes choses, nous recevons la recompense de notre travail.

***

En appuyant sur les plus faibles est d'offenser le Créateur, la compassion pour les damnés, honor dieu.

***

Une réponse amicable apaise la colère, une parole blessante augmente la colère.

***

Baisez la main de vos ennemis sinon vous pourier la couper.

***

Où ils commencent l'entreprise l'amitiée se termine.

***

L'argent a deux façons de marcher, vient lentement et pars vite.

***

S'il n'y a pas fous, il n'y a aucun avocats.

***

Plus d'années, plus de déceptions.

***

L'ignorance engender la duruté.

***

*Je marche en faisant glisser une charge
supérieure à ma force, la vie.*

***

*Je me plaignais de ne pas avoir de chaussures,
jusqu'au jour où j'ai rencontré une personne
sans pieds*

***

Si vous dites la vérités, vous perdez vos amies.

***

*Si vous voulez la paix dans votre maison, les
actions sont mieux que les questions.*

***

*L'homme manque de patience
et la femme est insistante.*

***

L'amour s'enfuit à la proximité de la haine.

***

Dieu tous puissant, ne me donnez pas beaucoup parce que je dois vous oubliez. Ne me donnez pas peu, parce que je dois vous renier. Donnez-moi juste le pain quotidien.

***

Le malheur humain est la pauvreté chez les personnes âgées.

***

Ne remplissez pa votre vie au cours de années, remplissez vosannées de vie.

***

Vous devez savoir donner sans se souvenir et de recevoir sans oublier.

***

Aucune chose est sûre ente le berceau et la sépulcre.

***

Aujourd'hui c'est demain
qui nous inquiète hier.

***

Le meilleur professeur est le temps, la meilleure
science est l'expérience.

***

N'emprunte pas d'argent aux riches et ne prette
pas aux pauvres.

***

À toute douleur, patience.

***

N'essayez pas d'aller trop haut dans votre vie,
parce que la chute d'en haut est difficile.

***

N'encourez pas une frénésie malheureuse.

***

*Les humains ne sont pas fait pour comprendre
la vie, mais la vivre.*

***

*Le secret d'être malheureux est d'avoir le loisir
de penser si il est heureu ou non.*

***

*Le rêve est un mystérieux
messager des ténèbres.*

***

*C'est mieux d'être dans la tombe
que vivre dans la misère.*

***

*Ce qui meurt ne disparaît pas,
seulement ce qui est oublié.*

***

*Ne laissez pas l'argent être votre maître,
plutôt votre serviteur.*

***

N'essayez pas d'être ce que vous n'êtes pas,
plutôt essayer d'être le meilleur de vous-même.

***

Le marriage est l'école de la patience.

***

Celui qui achète ce qu'il ne peut pas finira par
vendre son tresor.

***

L'homme qui épouse une femme riche
devient un serviteur.

***

Les erreures de plusieurs pèse
plus qu'une vérités.

***

Il est impossible de résister
à la volonté du Tout-puissant.

***

Seulement ce qui est fructueux est vrai.

***

J'ai été un imbécile et mes méfaits sont innombrables.

***

Si vous prenez un mauvais chemin ne vous attendez pas à un bonne destination.

***

Le vin fait un vieil homme se sentir comme un enfant.

***

Faire un visage dur pour le mal qui ne guérit pas.

***

L'homme riche a beaucoup d'amis.

***

Bienheureux Adan qui n'avait
aucune belle-mère.

***

Si l'amour d'une femme est une comédie, le
marriage est un drame.

***

La patience est le talisman de la vie.

***

Le bien est reconnu quand it est perdu.

***

Celui qui ne t'aime pas te calomnie.

***

Discrétion est de savoir comment déguiser ce
qui ne peut pas être remédié.

***

Qui n'oublie pas, tourmente sa vie.

***

Qui parle mal entend pire.

***

Une fois que vous vous êtes mariés, vous regretterez mille fois.

***

La gratitude est quand le coeur se souvient.

***

La vie dans son transit, implique une descente.

***

L'humilité est le fil avec lequel la gloire est enchaînée.

***

Un ami dans l'adversité est un ami en effet.

***

Il n'y a pas d'ennemi facile mais des amies difficile.

***

N'oubliez pas que la fortune
change comme la lune.

***

Tous les remède de temps.

***

Celui qui apprend un peu de tout ne maitrise
pas quoi que ce soit.

***

Que Dieu me libère de mes amis et des ennemis
je me reserve.

***

Parmi les musiciens n'est pas chargé sérénade.

***

La courtoisie no coûte rien et gagne tout.

***

La sourire est la distance la plus courte entre deux personnes.

***

Celui qui domine la colère domine son pire ennemi.

***

Celui qui soupçonne invite à trahir.

***

Ne jamais dire quoi que ce soit sur la personne absente si vous ne le dites pas en votre présence.

***

Pour arriver à l'île de la sagesse, vous devez passer par un océan d'afflictions.

***

La charité est une vertu du coeur et non des mains.

***

Il n'est pas nécessaire de s'effondrer en
accumulant le passé
et en vivant dans la peur de l'avenir.

***

J'espère qu'un jour l'humanité regagnera le
sens de la justice
et les valeurs de l'esprit.

***

La façon de donner est plus importante que ce
qui est donné.

***

L'excès n'est rien, c'est la règle la plus utile
dans la vie.

***

Combien peu je sais que je le
dois à mon ignorance.

***

*Aucune chose imposée par la
violence ne sera durable.*

***

*Bien que l'angoisse et la douleur laceren nos â
mes. Bien que la vie est un puzzle à chaque
étape. Bien que le sort du monde soit si
incertain. Regardons au fond de l'âme une
lumière d'espérance,
un coin d'amour.*

***

*Une larme s'évapore, une fleur se flétrit, seule
la prière vient à Dieu.*

***

*Profitez de la journée faite par le Seigneur.
Réjouissez-vous en Dieu.*

***

*Chaque jour est une nouvelle vie pour la
personne judicieuse.*

***

*Quand nous acceptons le pire,
nous n'avons rien à perdre.*

***

*Un problème bien posé
est un problème a moitié résolu.*

***

La sincérité est l'origine du génie.

***

*La vraie paix de l'esprit vient
de l'acceptation du pire.*

***

*Vous devez vous perdre dans l'action si vous ne
voulez pas dépérir dans le désespoir.*

***

La beauté est la splendeur de la vérité.

***

La nature abhorre le vide.
Tout le vide est rempli d'amour.

***

S'attendre est vivre.

***

Nous arrêtons trop dans les insignifiants.

***

Six serviteurs honorés m'ont appris à quel point
je sais, leurs noms sont: Comment, Quand, Où,
Quoi, Qui et Pourquoi.

***

Les temps est le régulateur éternel
de toutes les douleurs.

***

Pour toute l'humanité et la meme chose que
pour l'individu, de temps en temps la vie est
difficile à supporter.

***

La mort est la libération de l'âme.

***

La vie est trop courte pour être petite.

***

Sans la foi tout s'effondre.

***

*Il est plus facile d'enseigner à dix ce qu'il faut
faire que d'être l'un des dix à suivre
son propre enseignement.*

***

*L'amour n'existe pas. Cela est le besoin
matériel de se joindre à un autre être et le
besoin raisonnable d'avoir un
compagnie pour la vie.*

***

*Qui peut libérer une personne
de ses propres remords?*

***

L'humilité approche le Tout-puissant.

***

L'envie c'est l'ignorance.
L'imitation c'est le suicide.

***

Vous devez toujours transformer
le negatif en positif.

***

Quand tu es bon pour les autres,
tu es meilleur pour toimême.

***

Fair chaque jour une bonne action qui provoque
un sourire de joie dans le visage de quelqu'un.

***

Nos vies sont le travail de nos pensées.

***

Une personne en colère est
toujour pleine de poison.

***

Notre point faible n'est pas l'ignorance,
mais l'inaction.

***

Il n'y a pas de larmes où ce
qui est écrit se dissoudra.

***

La connaissance n'est pas le pouvoir
jusqu'à qu'elle soit appliqué.

***

Les choses qui sont difficiles
sont les meilleures.

***

Peu importe ce que le destin nous fait, mais ce
que nous faisons du destin.

***

De la course n'est rien, mais la fatigue.

***

Celui qui n'a rien, n'a rien a perdre.

***

Deux aiguilles ne sont pas perforées.

***

De nombreuses absences causent l'oubli.

***

*Aujourd'hui est le disciple d'hier
et le maître de demain.*

***

*Bien marié est celui qui n'a pas de belle-mère
ou une soeur.*

***

Celui qui t'aime ne te fait pas de mal.

***

La belle-fille balaie les aboiements
de la belle-mère.

***

Ignorez la méchanceté de l'arrogant et le
vaniteux parce que Dieu va leur montrer le
chemin en temps voulu.

***

D'où l'eau vient, l'eau va.

***

Les braves souffrent peu,
les lâches encore plus.

***

Souvent, vous trouvez votre destin suivant les
chemins que nous prenons pour l'éviter.

***

*Invoquez la toute-puissance et elle viendra à
votre secours. Il n'est pas nécessaire de
s'inquiéter de quoi que ce soit.
Fermez les yeux et pendant que vous dormez
Dieu va changer
votre sort du mal au bien.*

***

*Seulement ce qui aime sans espoir connaissent
la vrai amour.*

***

Je préfére dormir peu et rêvez plus.

***

Résolvez vos problèmes un par un.

***

*Aimez vos ennemis. Celui qui aime ceux qui
l'aiment a déjà reçu sa récompense.*

***

Avoir été créé par Dieu implique la plus grande manifestation de l'amour.

***

C'était mes larmes, mon pain, jour et nuit que j'ai dédié pour votre bien-être.

***

Je voudrais de l'eau avec mes larmes les roses de sentir la douleur de vos épines et d'être privilégié avec l'arôme de leurs pétales.

***

Ne dis pas tout ce que tu penses, pense à ce que tu veux dire.

***

La ruée est la travail du diable.

***

Peu de fois l'argent est utilisé pour retarder la mort.

***

Bénis soient ceux qui croient en leurs rêves.

***

Les humains ne peuvent se passer de ces trois choses: la santé, le pain et l'espérance.

***

Le parfait est l'ennemi du bien.

***

Même la vie la plus misérable a ses heures lumineuses et ses petites fleurs entre le sable et les roches.

***

Le déni des faits est la resource lâche des cyniques.

***

Apprenons à plier comme un saule et ne pas resister comme un chêne.

***

Je ne vis pas dans mon passé ou dans mon futur.
Je n'ai que le présent et seulement il
m'intéresse. Si vous pouvez toujours rester dans
le présent, alors vous serez une personne
satisfaite et heureuse. La vie sera une fête,
parce qu'elle est toujours
le moment où nous vivons.

***

Si vous vous comparé avec les autres cela est en
vain et amer parce qu'il y aura toujours des
Personnes plus grandes et
plus petites que vous.

***

Préserver la paix dans votre âme dans la
confusion turbulente
de la vie, même avec toute ses farces, les
pénalités et les rêves
manqués, le monde est beau.

***

Docilement obéit aux conseils des années en abandonnant gracieusement les choses de la jeunesse.

***

Ne pleure pas pour le perdre. Remercions Dieu de l'avoir eu.

***

Pour les maux du monde peut ou ne peut pas être un remède; s'il ya, les obtenir et sinon, ne soyez pas stupide.

***

Quand je ne peux pas réparer les choses, je les laisse s'installer seule.

***

La démission des pauvres est la garantie de l'équilibre social.

***

*Où vous avez votre intérêt est où
votre énergie será centralisée.*

***

*Les idées sont des fantasmes que vous pouvez
transformer en réalité.*

***

*Mourir est de se débarrasser
du quotidien mesquinerie.*

***

*Si tu pleures parce que le soleil s'est caché, tes
larmes ne te permettont pas de voir les étoiles.*

***

L'ordre est la première loi du ciel.

***

Ayant dans la vie une deception, nous implorons le calme immédiat. Il ne ressent pas la douleur, mais la tromperie et ne blesse pas la plaie, mais l'âme. Ce n'est que dans la tombe que le coeur oublie les coups durs de la chance indésirable.
Des luttes et des souffrances dans la vie.
L'oubli et le repos dans la mort.

***

Porter aujourd'hui le fardeau de demain uni avec celui d'hier rend vaciller à la plus vigoureuse.

***

Ne laissez personne vous conduire comme l'argile dans leurs mains.

***

Si tu hésites, tais-toi.

***

La mesure la plus sûre de toute la force est la résistance dominante.

***

Les hommes sont habiles manupulateurs de la vérité.

***

L'amour est de dire que Dieu es tout. L'amour est de donner un coup d'oeil et même donner la vie.

***

Qu'est-ce qui est plus lourd que le plomb? Le fou.

***

Ne répétez jamais ce qu'on vous a dit et vous ne perdrez jamais.

***

Ne faites pas le mal et le mal ne tombera pas sur vous.

***

Les mots doux font gagner des amis et
multiplient des résponses affectueusses.

***

N'ouvres pas ta main ouverte pour recevoir et
fermé pour donner.

***

Ne restez pas silencieux quand
vos mots son nécessaires.

***

La haine enflamme les combats. L'amour
masque tous les fautes.

***

Celui qui méprise son voisin est insensé;
le sage préfère garder le silence.

***

La gentilesse de l'homme vaut plus que de
grandes richesses que l'or et l'argent

***

*Il ya des amis qui ne sont que pour la ruine,
il ya des amis qui sont meilleurs que
votre propre frère.*

***

*Ne vous sentez pas en sécurité demain parce
que vous ne savez pas ce qui va s'arrêter
aujourd'hui.*

***

Dieu traite l'humble avec bonté.

***

*Ne vous fâchez pas facilment, la colère demeure
dans le coeur de l'insensé.*

***

*Il n'est pas bon de manger excès de miel
et beaucoup moins chercher des
honneurs excessifs.*

***

Ne cherchez pas un combat,
si personne ne vous a dommage.
Si quelqu'un vous blesse, mettez la douleurde
côte et aide votre prochain.

***

Si votre ennemi a faim nourrissez le. Si votre
ennemi a soif donnez lui à boire. Donc vous
allez écrire des bénédictions sur votre tête.

***

L'honneur est le prix du sage.

***

Les huiles et les parfums enchantent le coeur, la
douceur de l'amaitié réconforte l'âme.

***

Dieu corrige qui il aime,
comme un père corrige tous ses enfants.

***

Ne niez jamais une faveur à quiconque qui vous demande quand vous êtes en mesure de la faire.

***

Demandez et vous recevrez.
Rechercher et vous trouverez.
Pardonne et tu seras pardonné.
Soyez doux et humble à coeur.

***

Si vous ne fait pas d'error de temps en temps, vous n'essayez pas.

***

Vous pouvez prendre un compagnon à la fantaisie, mais devrait être guidé à la raison.

***

Choisisir d'aimer un endroit pour haïr.
Choisir de rire au lieu de pleurer.
Choisir de persévérer au lieu de cesser.
Choisir de louer au lieu de critiquer.
Choisir de guérir au lieu de blesser.
Choisir de vivre au lieu de mourir...

***

N'aie pas peur!

N'aie pas peur.
Nous sommes des marines dans la mer de
l'éternité, des passagers de la vie et nous
sommes bien accompagnés dans ce voyage.
Naviguer avec la foi.

***

Soyons réalistes. Demandons l'impossible!

***

Proclamez votre individualité.
Utilisez judicieusement
votre pouvoir de choisir.
Fais tout avec amour.
Ma fille, tu es le plus
grand miracle du monde!

***

Récolter it faut semer, également recevoir
il faut donner.
Reppelez vous obtiendrez toujours
ce que vous avez donné.

***

Si vous n'avez pas de liberté intérieure, quelle
autre liberté vous attendez-vous à avoir?

***

Restez ici

Restez ici et sachez que
Dieu va vous montrer le chemin.
Quand l'eaube est sombre et le jour est sombre,
Dieu est avec vous, n'ayez pas peur!
Restez ici et sachez que Dieu est toujour
là pur vous aider, ici et partout.
Dieu vous accompagne nuit et jour.
Dieu n'est pas plus loin qu'un eprière.

***

Soyez amis avec vous-même
et tous les autres seront.

***

L'optimiste a toujours un projet,
un pessimiste a mille excuses.

***

Aucun homme n'est inutile tant qu'il
compte sur lui-même.

***

La tristesse partagée par plusiuers n'est plus la tristesse, c'est de la joie.

***

*Un jour où vous ne riez pas,
est un jour de perdu.*

***

Chaque fois qu'ils vous demandent si vous pouvez faire un travail, répondez Oui! Apprenez rapidement à le faire.

***

Je te porte sur ma peau comme un parfum sucré imprégné de mon âme.

***

Si vivre est juste rêvé, faisons le bon rêve.

***

Nous compliquons notre vie par excès d'ambitions personnelles.

***

Si une épine me blesse, je m'en sépare mais je ne l'abhorre pas

***

Ne pas intervenir là où ils ne nous appellent pas.

***

Seulement quand le mûr tombe le fruit de la fortune arrive.

***

L'amour vrai n'est pas connu pour ce qu'il exige, mais pour ce qu'il offre.

***

Ne dites pas tout ce que vous savez, mais assurez vous que vous savez ce que vous dites.

***

Solitaire je me trouve quand je cherche une main et ne trouve mes poings.

***

Seul celui qui utilise son cerveau
peut changer d'avis.

***

Seulement ce qui est parti est
ce qui nous appartient.

***

Si une idée n'adoucit pas et ne soulage pas la
vie, la vie est inutile et dangereuse.

***

Si j'aide une seule personne à avoir de l'espoir,
je n'aurais pas vécu en vain.

***

Si nous ne nous heurtons pas à la raison, nous
n'obtenons jamais rien.

***

Si les hommes son nés avec deux yeux, deux oreilles et une langue, c'est parce qu'ils devraient écouter et regarder deux fois avant de parler.

***

La patience a plus de pouvoirs que la force.

***

Si vous ne pouvez pas vous gouverner, comment saurez vous gouverner les autres?

***

Vous devez toujours garder la peur, plus vous ne devriez jamais l'exposer.

***

Il est difficile de tomber, mais c'est plus difficle si on n'essaye pas de grimper.

***

La conscience elle même est celle qui nous juge.

***

Si ceux qui parlent mal de moi savaient ce que je pense d'eux, ils parleraient encore pire.

***

La justice est le pain du peuple, toujours affemé.

***

Les événements prospères se font des amis; les défavorables les prouvent.

***

Gardez votre esprit en place, il vous aidera à grimper les pentes les plus difficiles.

***

Il est nécessaire de dire à l'avocat clairement les faits, il/elle sera reposé après le désordre.

***

Avoir trop d'amis, c'est comme ne pas en avoir.

***

De laisser une empreinte peu importe sa taille, mais le signe qui dit que vous avez travesé là.

***

L'avare ne fonctionne pas sainement jusqu'à ce que sa dernière heure est venue.

***

L'amitié est une âme ouverte de deux corps, un coeur qui habite dans deux âmes.

***

Si vous ne vivez pas comme vous pensez que vous finirez par penser comme vous vivez.

***

Dans l'adversité vient à la lumiére de la vertu.

***

Il n'y a pas d'absurdité qui n'a pas été soutenue par un philosophe.

***

Si vous prenez une gorgée de mensonge qui vous flatte, vous prendrez la goutte de la vérité qui vous rend amer.

***

Celui qui lui d'abord le donne deux fois.

***

Il suffit d'apprendre à partager l'amour que vous ressentez, ne donnez pas d'espace à la haine.

***

Si vous avez du temps de dédier à quelqu'un, ne regardez pas votre montre.

***

Si vous voulez connaître la valeur de l'argent, essayez de le perdre en faisant des prêts. Donc, si quelqu'un vous demande un prêt et votre poche le permet, en faire un cadeau unique; rappelez vous: ne le répétez pas.

***

La patience est la force des faibles et l'impatience est la faiblesse des forts.

***

Ayez pitié si vous voulez obtenir le pardon.

***

Savoir vivre sans hâte est un cadeau.

***

Connaître et savoir démontre les dénombrements deux fois.

***

Savoir oublier est plus de bonheur que d'art. Seule la personne entière est capable de confesser ses défauts et de reconnaître ses erreurs.

***

L'art du battement est appris dans les défaites.

***

*Celui qui ne commence pas par apprendre
semble qu'il est tard et fait une erreur.*

***

*Si vous ne décidez pas quelles sont vos priorités
et combien de temps vous y consacrerez,
quelqu'un d'autre décidera pour vous.*

***

*Si vous êtes fier, vous devriez aimer la solitude
parce que les fiers sont laissés seuls.*

***

Ne pensze pas que vous avez toujours raison.

***

*Nous pouvons apprendre de l'homme éminent,
même quand il est silencieux.*

***

*Soyez patient avec toutes choses, mais surtout,
soyez patient avec vous même.*

***

Avoir le courage de se tromper,
l'humilité de l'accepter et d'utiliser
votre intelligence pour améloirer.

***

Gardez les yeux ouverts avant le marriage et à
moitié fermés après l'événement.

***

Ma Chère Anita

Ton cœur est fort. Mettez votre main sur votre poitrine et sentir son rythme de pompage heure après heure, jour et nuit, 36.000.000 battements par an; année après année, éveillé ou endormi, la conduite du sang à travers 100.000 kilométres de veines et les artéres qui transportent plus de 2.000.000 litres de sang par année.

Dans vos quatre litres de sang it y a 22 millions cellules sanguines, et dans chaque cellule il y a des millions de molécules, dans chaque cellule il y a un atome qui oscille plus de 10 millions fois par seconde. Chaque seconde meurt 2 millions de cellules sanguines à remplacer par 2 millions de plus dans une résurretion constant. Votre beau cœur est fort et en bonne santé ma chère Anita!

Votre cerveau est la structure la plus complexe de l'univers. Dans ses miles grammes il y a 13 milliards cellules nerveuses. Trois fois plus de cellules que les gens qui habitent notre planète.

Pour vous aider à archiver chaque perception, chaque son, chaque goût, chaque odeur, chaque action faite par vous à partir du jour où vous êtes né, est implantée dans vos cellules plus de 3 millions molécules protéiques. Tous les événements de votre vie sont là pour vous rappeler les; et pour aider votre cerveau dans la gouvernemen de votre corps, il y a quatre millions structures sensibles à la douleur, 200.000 détecteurs de température, vos oreilles ont 24.000 filaments chacun, vibrent avec le vent du bosquet, avec les marées qui entrent en collision contre les rochers, avec la majesté d'un opéra, evec le charme d'un Robin, avec le jeu des enfants et avec la phrase "je t'aime".

Aucune autre créature sur cette planète n'est dotée du don de pouvoir parler. Avec vos mots, vous pouvez calmer la colère, encurager les abattus, stimuler le lâche, égayer le triste, récompenser les courageux, encourager les vaincus, enseigner les ignorants.

Vous pouvez vous déplacer, vous n'êtes pas un arbre codamné à une petite partie de la terre. Vous pouvez marcher, courir, dancer et travailler parce que dans votre corps il y a 500 muscles, 200 os et 7000 nerfs qui sont synchronisés à vous obéir.

Votre peau est propre et c'est une merveilleuse création qui a juste besoin d'être soigné. Avec le temps, les armatures sont oxydées. Votre peau est constamment renouvelée, les vieilles cellules sont remplacées par de nouvelles.

Vos poumons sont les portes de la vie qui vous tiennent au plus vil des environnements. Ils travaillent toujours pour filtrer l'oxygène qui donne la vie à travers de 600 millions alvéoles qui sont responsables de débarrasser votre corps de déchets gazeux.

Dans votre bel être, il y a assez de force atomique pour avancer jusqu'à ce que le temps marqué arrive.

www.ingramcontent.com/pod-product-compliance
Lightning Source LLC
LaVergne TN
LVHW011240080426
835509LV00005B/569